D1709838

WEEKLY WR READER®
EARLY LEARNING LIBRARY

INVENTORES Y SUS DESCUBRIMIENTOS

Thomas Edison
y la bombilla eléctrica

por Monica L. Rausch

Consultora de lectura: Susan Nations, M.Ed.,
autora/tutora de alfabetización/consultora
de desarrollo de la lectura

Consultora de ciencias y contenido curricular:
Debra Voege, M.A., maestra de recursos
curriculares de ciencias y matemáticas

Please visit our web site at: www.garethstevens.com
For a free color catalog describing Weekly Reader® Early Learning Library's list
of high-quality books, call 1-877-445-5824 (USA) or 1-800-387-3178 (Canada).
Weekly Reader® Early Learning Library's fax: (414) 336-0164.

Library of Congress Cataloging-in-Publication Data

Rausch, Monica.
  [Thomas Edison and the lightbulb. Spanish]
  Thomas Edison y la bombilla eléctrica / por Monica L. Rausch.
    p. cm. — (Inventores y sus descubrimientos)
  Includes bibliographical references and index.
  ISBN-13: 978-0-8368-7997-1 (lib. bdg.)
  ISBN-13: 978-0-8368-8002-1 (softcover)
  1. Edison, Thomas A. (Thomas Alva), 1847-1931—Juvenile literature.
  2. Inventors—United States—Biography—Juvenile literature 3. Electric lighting—
Juvenile literature. 4. Lightbulbs—Juvenile literature. I. Title.
TK140.E3R3818   2006
621.3092—dc22
  [B]   2006035251

This edition first published in 2007 by
Weekly Reader® Early Learning Library
A Member of the WRC Media Family of Companies
330 West Olive Street, Suite 100
Milwaukee, WI 53212 USA

Editor: Dorothy L. Gibbs
Cover design and page layout: Kami Strunsee
Picture research: Sabrina Crewe

Produced in cooperation with A+ Media, Inc.
Editorial Director: Julio Abreu
Editor: Adriana Rosado-Bonewitz
Graphic Design: Faith C. Weeks

Picture credits: cover (main), pp. 4, 6, 8, 14, 20 The Granger Collection, New York; cover (right), title page, pp. 5, 12 Library
of Congress; pp. 7, 9 © Bettmann/Corbis; pp. 10, 13, 17, 19 © North Wind Picture Archives; p. 16 Smithsonian Institution,
Neg. # 87-1732; p. 18 New Jersey State Archives, Department of State; p. 21 The Edison Papers, Rutgers University.

Printed in the United States of America

1 2 3 4 5 6 7 8 9 10 10 09 08 07 06

Contenido

Cubierta: La bombilla eléctrica puede haber sido el invento más importante de Thomas Edison.

Cubierta y portada: Thomas Alva Edison (1847–1931) inventó más de mil aparatos a lo largo de su vida.

3-31-10 School Crossing 9780836879971 3.78

Capítulo 1
Las luces en Menlo Park

Tres mil personas se habían reunido en Menlo Park, Nueva Jersey. Era la noche de Año Nuevo de 1879. Escucharon las noticias acerca del gran inventor Thomas Edison. ¿Realmente había creado una bombilla **eléctrica** útil?

La gente observaba cómo las cuarenta lámparas que estaban en exhibición se encendían y apagaban. ¡Lo logró! Edison había **inventado** una bombilla barata y durable.

Para 1879, Thomas Edison ya era un inventor famoso. Se le conocía por haber inventado el fonógrafo en 1877.

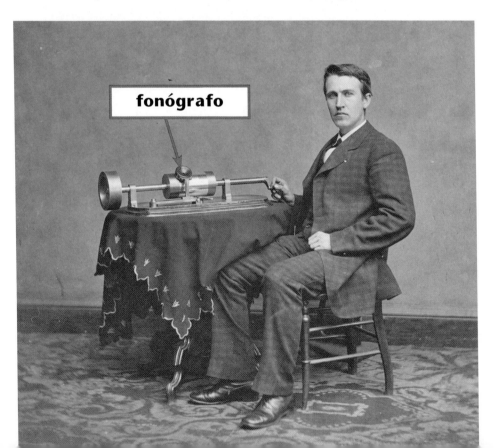

fonógrafo

Antes de la iluminación eléctrica, se usaban velas y lámparas de petróleo o gas para las casas y las calles. Las velas y lámparas eran sucias y peligrosas, ¡podían provocar incendios!

La gente de ese tiempo ya conocía las luces eléctricas. Simplemente no eran útiles por ser demasiado brillantes o sólo para fuera de los edificios. Otras duraban muy poco.

La luz de Edison podía usarse dentro de los edificios. Duraba mucho sin quemarse y no costaba demasiado hacerla. Producía luz calentando un trozo de material muy delgado.

La primera bombilla de Edison utilizaba electricidad para calentar un pedazo delgado de hebra de algodón.

Capítulo 2
Un niño brillante

Thomas Alva Edison nació el 11 de febrero de 1847 en Milan, Ohio y tenía la cualidad de ser muy preguntón. Quería saber cómo funcionaban todas las cosas.

A Edison no le fue bien en la escuela. No podía oír bien. Al no escuchar no ponía atención, por lo que su maestra pensó que no podía aprender. Pero la mamá de Edison sabía que era muy listo. Ella comenzó a enseñarle en casa y Edison también se pasó mucho tiempo en la biblioteca leyendo muchos libros.

A los 13 años, Edison trabajaba en el Grand Trunk Railroad vendiendo dulces y periódicos a los pasajeros. Se encargó de un **laboratorio** y una imprenta en el vagón de equipaje del tren.

Cuando Edison era muy joven, uno de sus mayores intereses era el **telégrafo**. Cuando tenía unos 15 años, salvó al hijo de un empleado del telégrafo de que lo atropellara el tren. En agradecimiento, el papá le enseñó a Edison a usar el telégrafo.

Los telegrafistas tenían que conocer el Código Morse para enviar y recibir mensajes.

A los 16, Edison trabajaba como telegrafista. Quería saber todo sobre el telégrafo. Lo estudió mientras trabajaba y pronto estaba inventando cosas que hacían que el telégrafo funcionara mejor.

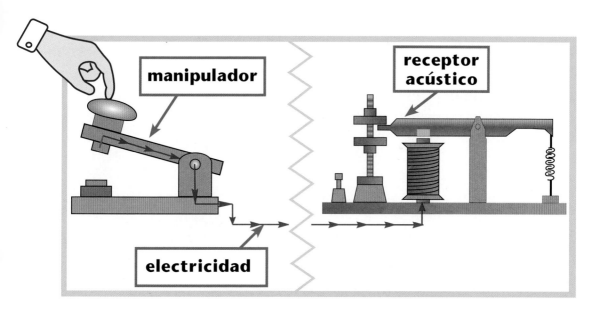

manipulador

receptor acústico

electricidad

El telégrafo envía mensajes de un manipulador a un receptor acústico a través de un cable eléctrico. El telegrafista utiliza el manipulador para transmitir un mensaje en Código Morse y otro telegrafista recibe el mensaje escuchando el receptor acústico y convirtiendo el código en palabras.

Edison inventó una máquina que podía imprimir los mensajes del telégrafo y vendió la idea de su máquina a una empresa que quería hacer esa máquina. Edison vendió también otras ideas. Usaba el dinero ganado para inventar cosas nuevas.

La casa de Edison en Menlo Park tenía una oficina, un laboratorio y un taller de maquinaria donde la gente trabajaba fabricando inventos. Edison fue el primero en pagarle a un grupo grande de personas para trabajar como inventores.

En 1877, Edison trató de encontrar una forma de **grabar** mensajes telegráficos. No lo logró pero sí descubrió cómo grabar voces y reproducirlas. Inventó una máquina para grabar y reproducir sonidos y la llamó fonógrafo.

El primer fonógrafo de Edison tenía una pieza filosa que hacía marcas sobre una hojuela de estaño para grabar el sonido. Otra leía las marcas para reproducirlas. Edison mejoró su fonógrafo muchas veces. Este modelo utilizaba tubos de cera en lugar de hojuela de estaño.

Capítulo 3
Una idea brillante

Muchos de los inventos de Edison usaban electricidad. Le interesaba mucho y quería aprender también sobre iluminación eléctrica. Sabía que otros inventores no habían podido descubrir una forma en que duraran más tiempo las luces eléctricas.

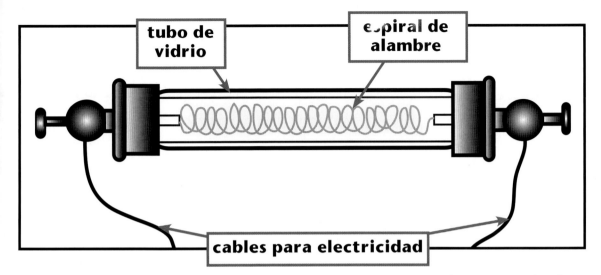

tubo de vidrio

espiral de alambre

cables para electricidad

La primera luz eléctrica se inventó en 1820. Tenía una **espiral** de alambre de **platino** muy delgada dentro de un tubo de vidrio. La electricidad calentaba el alambre y hacía que resplandeciera. Aunque funcionaba la luz, el platino que se necesitaba costaba mucho.

Edison sabía que podía hacer una mejor luz eléctrica, sabía que una bombilla duraría mucho si la electricidad pasara por un material muy, muy delgado. La electricidad tenía que calentar el material para encenderlo.

Edison necesitaba un material que al calentarlo no se quemara ni se rompiera, y quería que la luz del material durara mucho. El aire hacía que el material se rompiera más rápido, así que Edison necesitaba encontrar la forma de sacar el aire de la bombilla y descubrió que podía usar una **bomba de vacío**. ¡Ahora sí se estaba acercando!

bomba de vacío

Edison mejoró la bomba de vacío inventada por Heinrich Geissler y Hermann Sprengel en 1875 para sacar el aire de su primera bombilla. En 1929, Edison y uno de sus trabajadores en Menlo Park mostraron cómo se usaba la bomba de vacío en 1879.

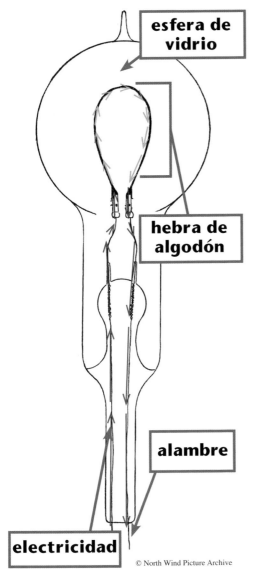

esfera de vidrio

hebra de algodón

alambre

electricidad

Edison sacó el aire de la esfera de vidrio y después colocó un trozo de hebra de algodón dentro de la bombilla. Luego, hizo pasar electricidad a la bombilla y al pasar por la hebra de algodón, ésta se iluminó. ¡Permaneció iluminada por más de 13 horas! Edison había inventado la primera bombilla duradera.

Por lo general, un trozo de hebra de algodón se habría quemado muy rápido. Dentro de una esfera de vidrio sin aire, la misma hebra de algodón arderá por mucho más tiempo.

Ahora Edison quería encontrar materiales que hicieran que la luz durara más todavía. Probó con seis mil tipos diferentes de materiales provenientes de plantas ¡de todo el mundo! El **bambú** japonés era el que duraba más. En enero de 1880, Edison usó bambú para hacer una bombilla ¡y su luz duró unas mil doscientas horas!

En esta imagen se muestran tres de las primeras bombillas de Edison. A la derecha está la que inventó en 1879 y la mejorada con babú está a la izquierda.

Bamboo filament lamp   •   Manufactured lamp at Menlo   •   First successfull lamp

Edison abrió una central eléctrica en la Ciudad de Nueva York en 1882. Fue la primera estación de energía eléctrica del mundo.

Mientras hacía bombillas, Edison también encontró la forma de llevar la electricidad a los hogares. La gente necesitaba electricidad para usar bombillas y la electricidad venía de las centrales eléctricas.

Capítulo 4
Luces de la ciudad

En 1879, Edison colocó cuarenta lámparas en Menlo Park, Nueva Jersey. Quería mostrarle a la gente que había creado una buena bombilla eléctrica y la gente se sorprendió tanto que lo llamó "El mago de Menlo Park".

La primera central eléctrica de Edison en la Ciudad de Nueva York, iluminó 2.6 km² (1 milla²). La luz eléctrica llegó a muchos hogares y ¡cada vez más gente quería luz!

Thomas Alva Edison murió el 18 de octubre de 1931. Tres días después, mucha gente en los Estados Unidos apagó sus luces durante un minuto para honrar a este gran inventor.

Hoover Suggests "Minute Of Darkness" as Nation's Homage to Thomas A. Edison

PRESIDENT Hoover issued a statement in Washington yesterday suggesting that all individuals in the United States extinguish their lights for one minute tonight as a tribute to the memory of Thomas A. Edison. The President set 10 p. m. as the moment for the tribute in Eastern Standard Time. The President's statement read:

"The grief of every American in the passing of one of the great benefactors of humanity has manifested itself in the suggestion from hundreds of citizens that the nation should join in a solemn tribute to the memory of Thomas Alva Edison.

"In response to this universal desire to pay personal respect to Mr. Edison's memory, I suggest that all individuals should extinguish their lights for one minute on Wednesday evening, October 21, at 7 o'clock, Pacific time, 8 o'clock, Mountain time, 9 o'clock, Central time, and 10 o'clock, Eastern time. It is my understanding that broadcasting companies will undertake a brief program in respect to Mr. Edison's memory at this moment.

"The suggestion had been made that the electrical current at generating plants should be turned off at these hours, but on inquiry I find (and this is confirmed by Thomas Edison, Jr.) that this would constitute a great peril to life throughout the country because of the many services dependent upon electrical power in protection from fire, the operation of water supply, sanitation, elevators, operations in hospitals and the vast number of activities which, if halted even for an instant, would result in death somewhere in the country. It is not, therefore, advisable. This demonstration of the dependence of the country upon electrical current for its life and health is in itself a monument to Mr. Edison's genius."

Glosario

bambú — madera fuerte y ligera

bomba de vacío — máquina que puede succionar todo el aire de un espacio cerrado

central eléctrica — lugar en el que se hace la electricidad

Código Morse — patrón de impulsos eléctricos cortos y largos, conocidos como puntos y rayas, que representan las letras del alfabeto

espiral — conjunto de anillos o giros, uno tras del otro, en materiales como el alambre

fonógrafo — máquina en la que se reproducen los sonidos grabados

grabar — (v) copiar el sonido en algún material que pueda reproducir el sonido para que alguien lo escuche

inventar — (v) encontrar forma nueva de hacer algo o hacer una herramienta nueva para llevar a cabo algo

laboratorio — lugar donde científicos e inventores prueban sus ideas nuevas

material — cualquier cosa que se pueda sentir al tocarla

platino — valioso metal blanco y gris

telégrafo — máquina que usa cables y electricidad para enviar mensajes a grandes distancias

Libros

A Picture Book of Thomas Alva Edison. David A. Adler (Holiday House)

Thomas Edison. Compass Point Early Biographies (series). Lucia Raatma (Compass Point Books)

Thomas Edison. First Biographies (series). Lola M. Schaefer (Capstone Press)

Thomas Edison. Inventores famosos (series). Ann Gaines (Rourke)

Thomas Edison: Inventor. Famous Inventors (series). Carin T. Ford (Enslow Elementary)

Índice

Sobre la autora

Monica L. Rausch tiene una maestría en formación literaria por la Universidad de Wisconsin-Milwaukee, donde actualmente da clases sobre composición, literatura y redacción creativa. Le gusta escribir ficción, pero también le divierte escribir sobre hechos reales. Monica vive en Milwaukee cerca de sus seis sobrinos a quienes les encanta escuchar los libros que les lee.

JB EDISON
Rausch, Monica
Thomas Edison y la bombilla
electrica

M

Guten Tag!
¡Hola! Bonjour!
Hello!

**WORLD
LANGUAGE**